Petra Kummermehr (Hg.)

Meine schönsten Kindergebete für jeden Tag

mit Illustrationen von Bjarke

Kaufmann Verlag

Bibliografische Information der Deutschen Bibliothek
Die Deutsche Bibliothek verzeichnet diese Publikation in der Deutschen Nationalbibliografie;
detaillierte bibliografische Daten sind im Internet über http://dnb.ddb.de abrufbar.

6. Auflage 2025
© 2015 Verlag Ernst Kaufmann GmbH, Alleestraße 2, 77933 Lahr
info@kaufmann-verlag.de

Erwin Grosche, Danke, Gott, für diesen Tag …, aus: Erwin Grosche: Mein kleines Buch der
Kindergebete. © 2010 Gabriel Verlag (Thienemann Verlag GmbH), Stuttgart/Wien.
www.gabriel-verlag.de

Printed by Leo Paper
ISBN 978-3-7806-2968-5

Liebe Kinder,

wenn wir beten, sprechen wir mit Gott. Wir können über alles reden, was uns beschäftigt. Was uns traurig und nachdenklich macht und was uns glücklich und fröhlich macht. Wir können danken für die Dinge, die unser Leben schön machen. Und wir können um Hilfe bitten, wenn wir meinen, dass wir etwas nicht alleine schaffen.

Wir können morgens nach dem Aufstehen beten, mittags zu den Mahlzeiten und abends vor dem Einschlafen. Und natürlich auch zu anderen Zeiten, wenn wir das möchten. Wir können beten, indem wir Gott einfach erzählen, was wir gerade denken und fühlen. Oder wir können uns ein Gebet aussuchen, das uns besonders gefällt.

Hier findet ihr Gebete für ganz unterschiedliche Gelegenheiten. Neuere Gebete und alte, die schon eure Großeltern und Urgroßeltern gebetet haben, als sie selbst noch klein waren.

Ich wünsche euch, dass ihr lernt, mit Gott über alles zu sprechen. Er ist immer bei euch.

Petra Kummermehr

Morgengebete

Lass uns den neuen Tag begrüßen
mit Händen, (recken)
Mund (gähnen)
und Füßen. (trampeln)
Mein lieber Gott,
geh du mit mir auf allen meinen Wegen.
Für diesen Morgen
danke ich dir,
gib du mir deinen Segen.
Amen

Von Gott behütet steh ich auf,
er leitet mich in meinem Lauf,
er bleibt bei mir auf allen Wegen
mit seiner Kraft und seinem Segen.

Danke, Gott, für diesen Tag,
auch weil es nicht regnet.
Mit der Sonne, die ich mag,
hast du uns gesegnet.

Danke, Gott, für diesen Tag,
scheint auch nicht die Sonne.
Alle Blumen, die ich mag,
wachsen, welche Wonne.

Danke, Gott, für diesen Tag,
auch für jedes Wetter.
Weil ich deine Erde mag
und dich, Erdenretter.

Erwin Grosche

Wir danken dir, du guter Gott,
für diesen Morgen.
Du liebst die ganze, weite Welt,
du willst für alle sorgen.
Amen

Wie fröhlich bin ich aufgewacht,
wie hab ich geschlafen so sanft die Nacht.
Hab Dank, du lieber Vater mein,
dass du hast wollen bei mir sein.
Behüte mich auch diesen Tag,
dass mir kein Leid geschehen mag.

Lieber Gott,
sei bei mir den ganzen Tag,
schenke mir Mut, wenn ich ängstlich bin,
gib mir Kraft, wenn ich mich schwach fühle,
beschütze mich, wenn ich leichtsinnig werde,
gib mir Ausdauer, wenn ich aufgeben möchte,
muntere mich auf, wenn ich traurig bin,
damit ich fröhlich den Tag genießen kann.
Amen

Petra Kummermehr

Tischgebete

Alle guten Gaben,
alles, was wir haben,
kommt, o Gott, von dir;
wir danken dir dafür.

Segne, Vater, diese Speise,
uns zur Kraft und dir zum Preise.

O Gott, von dem wir alles haben,
wir preisen dich für deine Gaben.
Du speisest uns, weil du uns liebst;
o segne auch, was du uns gibst.

Komm, Herr Jesus, sei unser Gast
und segne, was du uns bescheret hast.
Amen

Herrnhuter Brüdergemeine

Gott, wir möchten dir danken,
dass wir hier zusammen sind,
dass wir immer reichlich zu essen
und zu trinken haben.
Wir sind glücklich darüber und
schätzen die Gaben der Natur.
Und wir wissen,
dass es nicht selbstverständlich ist
und dass es viele Menschen gibt,
die allein sind oder Hunger leiden müssen.
Hilf auch ihnen!
Amen

Petra Kummermehr

Alles lebt von deinen Gaben,
Vater, was wir sind und haben,
alles Gute kommt von dir.
Du hast uns noch nie vergessen,
gabst auch heute uns zu essen.
Herzlich danken wir dafür.

Jedes Tierlein hat sein Essen,
jedes Blümlein trinkt von dir,
hast auch uns heut nicht vergessen,
lieber Gott, wir danken dir.

Durch den Tag

Wer hat die Sonne denn gemacht,
den Mond und all die Sterne?
Wer hat den Baum hervorgebracht,
die Blumen nah und ferne?
Wer schuf die Tiere groß und klein,
wer gab auch mir das Leben?
Das tat der liebe Gott allein,
drum will ich Dank ihm geben.

Lieber Gott,
ich danke dir, dass ich leben darf,
dass ich Augen zum Sehen
und Ohren zum Hören habe,
dass ich sprechen kann und nachdenken,
dass ich Hände und Füße habe
und dass ich nicht allein bin.
Du hast mir alles gegeben.
Ich danke dir und freue mich.

Wo ich gehe, wo ich stehe,
bist du, lieber Gott, bei mir.
Wenn ich dich auch niemals sehe,
weiß ich sicher: Du bist hier.

Gott, du bist immer bei mir,
ob ich lache oder weine,
ob ich Blödsinn mache oder streite,
ob ich krank bin oder herumtobe,
ob ich mutig bin oder ängstlich.
Gott, du bist immer bei mir.
Denn du liebst mich.
Amen

Petra Kummermehr

Abendgebete

Die Blumen und Vögel
sind längst schon zur Ruh,
jetzt mache auch ich
meine Augen gleich zu.
Ruhig schlaf ich,
ruhig träum ich
die ganze Nacht,
weil droben im Himmel
mein Gott mich bewacht.

Kommt die Nacht, bin ich geborgen:
Gott wird bei mir sein.
Ach, ich freu mich schon auf morgen
und schlaf fröhlich ein.

Lieber Gott, nun schlaf ich ein,
schicke mir ein Engelein,
das an meinem Bettchen kniet
und nach meinem Herzchen sieht,
dass es treulich bei mir wacht
durch die ganze lange Nacht.
Schütze alle, die ich lieb,
meine Fehler mir vergib,
kommt der helle Morgenschein,
lass mich wieder glücklich sein.

Abends, wenn ich schlafen geh,
vierzehn Engel bei mir stehn,
zwei zu meiner Rechten,
zwei zu meiner Linken,
zwei zu meinen Häupten,
zwei zu meinen Füßen,
zwei, die mich decken,
zwei, die mich wecken,
zwei, die mich weisen
in das himmlische Paradeischen

Aus: Des Knaben Wunderhorn

So ein schöner Tag war heute,
lieber Gott, und so viel Freude
hast du wieder mir gemacht.
Dankbar sag ich gute Nacht.

Lieber Gott,
heute ist so viel passiert,
so viel Schönes und Lustiges,
aber auch Trauriges.
Wenn ich an das denke,
was heute nicht so schön war,
weiß ich aber, dass alles wieder gut werden kann.
Und ich freue mich über die Dinge,
die mich heute glücklich gemacht haben.
In Gedanken zähle ich sie alle
noch einmal auf
und schlafe friedlich ein.

Petra Kummermehr